MANUEL

DES

LEÇONS MÉTHODIQUES

DE

LECTURE GRADUÉE

APPLICABLES

A tous les modes d'enseignement,

PAR

A. LEFÈVRE,

Instituteur communal.

N° 6.

PARIS

CHAMEROT, LIBRAIRE-ÉDITEUR,

Success^r. de M. BRUNOT-LABBE, *ancien libraire de l'Université,*

33, quai des Augustins,

—

1839.

AVIS.

Ce manuel est divisé en SIX PARTIES dont chacune se vend séparément 10 cent.

IMPRIMERIE DE DUCESSOIS,

éditeur de la GAZETTE SPÉCIALE DE L'INSTRUCTION PUBLIQUE,

paraissant tous les Jeudis; 9 fr. par année.

Quai des Augustins, 55.

SIXIÈME PARTIE.

7ᵉ CLASSE.

LECTURE COURANTE,

PROSE ET POÉSIE.

Petit vocabulaire moral.

1re *Leçon.*

ACTE, action ; ce qu'on fait ; trait remarquable. Le seul acte de la vie de l'homme qui atteigne toujours son but, c'est l'accomplissement de son devoir. (*Mad. de Staël.*) En cachant les défauts du prochain , on fait une bonne action, un acte de charité.— AMI : celui avec qui on est lié d'une affection réciproque. Choisissez un ami qui sache vous corriger avec prudence et qui n'ait pas une molle complaisance pour vos défauts. (*St. Evremont.*) — AMITIÉ : affection mutuelle des amis ; lien des âmes vertueuses. (*Pythagore.*) C'est l'amitié qui adoucit toutes les douleurs, qui redouble tous les plaisirs, et qui fait que dans les plus grandes infortunes

on trouve de la consolation. — Assi-
DUITÉ : exactitude ; attention continue et
ponctuelle à faire ce qu'on doit. L'assi-
duité et l'exactitude sont de puissants
moyens pour réussir dans tout ce qu'on
entreprend. = Bien : ce qui est bon,
utile, avantageux, convenable, louable.
J'aime mieux être disgracié et mal-
traité en faisant le bien, que d'être
applaudi et récompensé en faisant le
mal. (*Saint-Isidore.*) — bienfaisance :
vertu qui nous porte à faire du bien ;
libéralité. La bienfaisance procure toujours une bien douce satisfaction et à
ceux qui l'exercent et à ceux qu'elle
visite. — bonheur. Le bonheur consiste dans la santé, la paix du cœur
et la tranquillité de l'esprit : la paix du
cœur et la tranquillité d'esprit s'acquièrent et se conservent par l'exercice
de la vertu ; la santé s'entretient par
la tempérance.

2e *Leçon.*

BONNE FOI: sincérité dans ses paroles, probité dans ses_actions, même dans ses promesses. La bonne foi est l'âme du commerce ; elle inspire la confiance et assure les traités. — BONTÉ : penchant_à faire du bien. La vraie bonté consiste dans l'inclination qu'on_ a à aimer les _ hommes ; à excuser leurs défauts_ et leurs vices ; à interpréter ce qu'ils font de la manière la moins défavorable ; à les supporter , à leur faire du bien lors même qu'il n'y a aucun retour à en_ attendre. = CIR- CONSPECTION : prudence, retenue, dis- crétion. Nous ne pouvons_ être trop circonspects, lorsqu'il s'agit de louer_ ou de blâmer quelqu'un sur de sim- ples_apparences. — CONDUITE : manière d'agir et de régler ses_actions. La chose la plus_importante à l'homme est_une bonne conduite. L'esprit, le talent, le génie, la beauté, n'ont pas de charmes_assez puissants pour effacer les_ impressions désavantageuses que laisse une mauvaise conduite. — CONFIANCE : certaine assurance dans ce qu'on dit_et ce qu'on fait, ou dans la discrétion, le zèle, les vertus de quelqu'un. La confiance est nécessaire dans le commerce de la vie ; elle chasse la timidité et fait paraître l'homme avec tous ses_ avantages. — CONSTANCE : persévérance, fidélité, fermeté d'âme. Un homme de, bien est constant dans l'amitié ; ferme dans les malheurs ; et, lorsqu'il s'agit de la justice, inébranlable aux menaces_et inflexible aux prières. Il y a du courage à souffrir avec constance les maux qu'on ne peut_éviter. (*J. - J. Rousseau.*)

3ᵉ *Leçon.*

DÉFÉRENCE : condescendance mêlée d'égards ; respect pour l'âge, le sexe ou l e mérite. Une déférence respectueuse pour nos supérieurs, une honnête complaisance pour nos _ égaux, une douce affabilité pour nos _ inférieurs, concourent _ à l'agrément de la vie. (*Oxenstiern.*) — DÉLICATESSE : susceptibilité scrupuleuse pour tout ce qui tient _ à la probité, aux sentiments ; discours, procédés qui ménagent la sensibilité d'autrui. Faire le bien en secret ; obliger sans blesser la modestie, l'amour-propre ; ne jamais rappeler _ un bienfait rendu ; éviter _ avec soin de causer de l'affliction aux _ autres, etc. c'est se conduire avec délicatesse. — DEVOIR. Nos devoirs sont les _ obligations que nous _ imposent les lois divines _ et humaines. Il faut se faire un plaisir de son devoir. (*Le Grand Frédéric.*) — DIEU : le premier, le souverain-être par qui les_autres_existent, éternel, qui a créé, qui gouverne tout. (*Boiste.*) La toute-puissance de Dieu éclate de toutes parts, dans l'homme, dans la terre, dans les merveilles du firmament : de tous les points de l'univers-elle lance des traits de lumière qui foudroient l'incrédulité. (*Young.*) — DISCRÉTION : réserve ; prudente retenue dans les paroles, dans les_ actions. La discrétion consiste non-seulement-à garder notre secret_et celui d'autrui, mais à ne dire, n'entendre et ne faire que ce qu'il faut. — DOCILITÉ : qualité qui rend doux, soumis, propre à être gouverné. L'obstination dans le vouloir et la docilité dans l'action sont deux grands moyens-auxquels les plus grands _obstacles résistent difficilement. (*De Tott.*)

4e *Leçon.*

Economie : sage épargne de la dépense ; prévoyance pour l'avenir; prudent et bon emploi des choses. Les petites économies font les grandes fortunes. (*Franklin.*) Le prodigue est esclave et l'économe est roi. (*Royou.*) — ÉDUCATION : art de former le cœur, l'esprit et le corps. On devient tout ou rien selon l'éducation que l'on reçoit. (*Clément XIV.*) L'éducation doit tendre à empêcher que l'amour de son semblable ne soit étouffé par l'amour de soi. — ÉMULATION. L'émulation est une passion noble et généreuse, qni , admirant le mérite , les belles choses et les actions d'autrui , tâche de les imiter , ou même de les surpasser, en y travaillant avec courage, par des principes honorables et ver-

tueux. (*De Jaucourt.*) — ESPÉRANCE:
espoir ; attente d'un bien qu'on dé-
sire. Pour vivre en—homme, il faut_
espérer peu et ne désespérer de rien.
— ESTIME: hommage que l'on rend_au
mérite, à la vertu ; bonne opinion.
Nul ne peut_être heureux s'il ne jouit
de sa propre estime. L'estime des_
hommes_est_un bien que nous devons
nous—efforcer d'acquérir ; mais_il doit
nous suffire de la mériter, sans s'af-
fliger si on ne l'obtient pas. — ÉTUDE:
travail, application d'esprit. Il n'y a
rien de si fâcheux que l'étude n'adou-
cisse. (*Pline.*) Non je ne trouve pas
de travail aussi rude que l'ennuyeux
loisir d'un mortel sans_ étude. (*Boi-
leau.*) L'étude seule peut remplir tous
les moments de la vie. (*Moore.*)

5e *Leçon*.

FIDÉLITÉ : vertu qui consiste à ob-
server— exactement— et sincèrement ce
qu'on—a promis. Point de société durable sans la fidélité. — FRANCHISE :
sincérité sans voile. Un—homme sim-
ple et franc, avec sa réputation de
droiture, fera plus d'affaires—en—un
jour, qu'une personne adroite en—
un—an. (*Grimm*.) = GÉNÉROSITÉ :
grandeur d'âme qui porte à la vertu,
à l'humanité, au pardon. La vraie
générosité doit—épargner— à un—ami
la peine secrète qu'on sent toujours—
à expliquer ses besoins. (*Trévoux*.)
= HONNÊTETÉ: probité ; manières po-
lies—et obligeantes. Être un—homme
honnête ne suffit pas, il faut—encore
être honnête homme. Soyez—honnête
sans cérémonie ; civil sans —importu-

nité ; poli sans fadeur ; gracieux sans affectation, et affable sans familiarité. (*l'abbé Girard.*) = INDULGENCE : facilité à pardonner, à excuser , à pallier les torts de quelqu'un. Nous avons tous besoin d'indulgence ; et la sincérité des aveux la fait naître. — INSTRUCTION : préceptes donnés , connaissances des usages, des faits ; etc. L'instruction seule distingue l'homme de l'homme. (*Boinvilliers.*) On est bien coupable quand on néglige d'acquérir de l'instruction : l'homme instruit et modeste fait le charme de la société. = JUSTICE : équité ; vertu qui fait rendre à chacun ce qui lui est dû. La justice est l'âme des lois. (*Cicéron.*) Le juste est l'image de Dieu sur la terre. (*Bonaparte.*)

6ᵉ CAHIER.

6ᵉ *Leçon.*

KANG-HI a dit: Je n'ai vu la paix, le bonheur et les richesses se perpétuer que dans les familles où l'on aime et pratique la vertu. = LIBÉRALITÉ : générosité active qui nous excite à donner. La générosité consiste moins à donner beaucoup, qu'à donner à propos. — LOIS : obligations imposées par la divinité, par la nature, ou par l'autorité humaine. Nous devons tous être soumis aux lois qui nous régissent, et respecter les magistrats chargés de leur exécution. = MODÉRATION : vertu qui retient dans une sage mesure, et règle l'essor des passions. La modération est le trésor du sage : c'est elle qui nous rend heureux en bornant nos désirs. — MODESTIE : retenue dans la conduite ; louable défiance de soi. La modestie, compagne inséparable du vrai mérite , relève la beauté et fait briller les talents. Par la vanité tu crois t'élever et tu t'abaisses ; mais tu t'élèveras par la modestie (*Zénon*) — MŒURS : qualités de l'âme ; habitudes, etc. Les bonnes mœurs ne sont que la pratique des vertus morales. (*Duclos.*) Ce n'est pas sur la fortune mais sur les mœurs qu'il faut juger les_hommes. — MORALE. La morale nous fait connaître le bien et le mal ; nous_apprend_à régler nos passions pour être heureux, et à les rendre utiles_à la société. La morale a le devoir pour base et non l'intérêt. (*Kant.*) La morale est la base du bonheur ; et la moralité, le type distinctif de l'homme. La moralité est le résultat, la pratique de la morale. Le malheur ou le bonheur de la plupart des_hommes vient de leur moralité plutôt que de leur état.

7e Leçon.

Noblesse : élévation. La noblesse du cœur nous porte à préférer l'honneur à l'intérêt. La noblesse et la vertu étant la même chose, il n'y a d'autre noblesse que la vertu. (*Antisthène.*) = Œuvre. Une bonne œuvre est une action particulière qui regarde la charité du prochain. Visiter les malades, consoler les affligés, instruire les ignorants, ce sont de bonnes œuvres. — Ordre : arrangement convenable; qualité de celui qui dans son intérieur, dans son travail ou dans ses idées, sait donner une place à chaque chose, et mettre chaque chose à sa place. Sans ordre, on ne retire aucun fruit du travail et de l'économie. = Patriotisme : amour de la patrie; caractère de celui qui cherche à lui être utile. Le véritable patriotisme consiste à tout sacrifier pour la gloire et l'intérêt de son pays. A tous les cœurs bien nés que la patrie est chère ! (*Voltaire.*) Il y a de l'écho en France quand_on prononce les mots d'honneur et de patrie. (*Foy.*) — PIÉTÉ : tribut d'amour qu'on rend_à Dieu et aux_hommes. Le contentement de soi-même et le bonheur sont les suites de la vraie piété : elle élève l'esprit, ennoblit le cœur, affermit le courage. (*Massillon.*) — POLITESSE : inclination douce et bienfaisante qui porte à ne rien faire qui déplaise. La politesse exige qu'on ne se vante pas; car se vanter, c'est dire impoliment_aux_autres : je suis_ et je vaux plus que vous. La politesse ne répond_aux discours_offensants que par le silence. (*Werner.*)

CAHIER.

**

8ᵉ *Leçon.*

PROMPTITUDE : activité, célérité, vitesse dans ce que l'on fait. La promptitude ajoute à la force. Un prompt_aveu mérite le pardon. Il faut_obliger_avec promptitude ; faire ses_affaires_avec célérité ; courir avec vitesse au secours des malheureux, et travailler_avec diligence à sa propre perfection — PROPRETÉ : netteté sur soi, dans les objets dont_on se sert, et dans ce que l'on fait. La propreté du corps contribue à la santé : il n'y a pas de plus belle parure. = QUALITÉ : ce qui rend bon ou mauvais le caractère de l'homme ; talent, etc. Le cœur et l'esprit s'améliorent_et acquièrent de bonnes qualités par la lecture de bons_ouvrages_et par la réflexion. = RECONNAISSANCE : gratitude, souvenir, aveu des bienfaits. La reconnaissance est l'aimant des bons cœurs. Qui sait le prix de la foi et de la piété n'est jamais content de sa tendresse et de sa reconnaissance pour ceux qui lui ont servi à l'acquérir. (*Quesnel.*) — RELIGION : adoration de Dieu et pratique de la veru. La religion est la chaîne qui suspend la terre au trône de l'Éternel. (*De L'Hôpital.*) = SAGESSE: connaissance, amour et pratique du bien. La morale est la sagesse des siècles. (*Necker.*) La sagesse doit_être le fruit de l'instruction. — SCIENCE : connaissance certaine et évidente des choses. Toute science a l'utilité pour objet ; celle des mœurs_est préférable à toute autre. L'étude rend savant_ et la réflexion rend sage. La science donne en peu de temps l'expérience de plusieurs siècles. (*d'Aguesseau.*)

9ᵉ *Leçon.*

SILENCE : cessation de bruit ; état d'une personne qui se tait. Le silence accoutume à la réflexion et facilite la perfection du travail. On s'est souvent repenti d'avoir parlé, mais jamais de s'être tû. (*Xénocrate.*) — SINCÉRITÉ : aveu de nos sentiments, de nos pensées; franchise, candeur. On se trouve toujours bien d'avoir de la sincérité. (*Mᵐᵉ de Sévigné.*) Enfants, soyez toujours sincères_et soumis , et vos fautes seront facilement pardonnées. == TEMPÉRANCE, sobriété, frugalité : vertus qui règlent nos désirs; modération dans le boire et le manger. L'homme sobre évite l'excès ; content de ce que le besoin exige, il conserve sa raison et sa santé. Le frugal évite l'excès dans la qualité et dans la quantité ; con-

tent de ce que la nature veut_et lui
offre, il trouve partout l'abondance et
des forces. Le tempérant_évite égale-
ment les_excès; il garde un juste milieu, et amasse des vertus_et des
jours sereins pour la vieillesse. (*Dic-
tionnaire Philosophique.*) — TRAVAIL : peine
qu'on prend, fatigue qu'on se donne;
ouvrage fait_ou à faire. On se repose
en changeant de travail. Si l'ennui
nous gagne, courons_au travail, le
remède est_ infaillible. (*De la Rochefou-
cauld.*) Quelle que soit l'inégalité des_
intelligences , il n'est personne qui
ne puisse gagner quelque chose par
l'étude et le travail. (*Quintilien.*) =
UNION : concorde, paix, bonne intelligence. L'union est le charme de
la famille et la force de la société.
La liberté, la justice n'existent qu'en
s'unissant l'une à l'autre. (*Villemain.*)
Unissez-vous toujours_à des cœurs
vertueux.

10e *Leçon.*

VÉRITÉ : ce qui est opposé au mensonge, à l'erreur. Celui qui ne dit pas la vérité commet une grande faute ; car il éloigne la confiance et l'amitié. — VERTU : habitude, penchant à faire tout ce qui est bien et à éviter tout ce qui est mal ; culte le plus excellent qu'on puisse rendre à Dieu. (*Locke.*) L'homme n'a d'autre moyen pour adoucir son sort que de pratiquer la vertu. — VOLONTÉ : puissante faculté de 'âme par laquelle elle se détermine. Que lui a-t-il manqué pour se distinguer entre tous ? Un but, une volonté. Que leur a-t-il manqué à la plupart de ceux qui végètent dans la misère ? Un but et une volonté. (*Mlle Ulliac Trémadeure.*) = WASHINGTON a dit : Il ne faut jamais

se fier à ceux qui manquent de probité, quels que soient leurs talents.
= Xénophon a dit: Un bon roi ne
diffère pas d'un bon père ; sa meill-
eure garde est la bienveillance de ses
sujets. = Young a écrit: « Pour faire
» tout le bien qu'on souhaite, l'ho-
» mme peut manquer de pouvoir :
» n'importe, puisqu'il le veut, il l'a
» fait: la volonté vaut l'action même :
» on ne répond pas de son impui-
» ssance. » = Zèle: affection ardente
pour quelque chose. On aime à citer
avec plaisir les personnes zélées pour
le bien public. Celui-là qui sert son
maître avec zèle et fidélité est certain
de s'en faire un ami et d'acquérir
l'estime publique. On ne saurait avoir
trop de zèle pour la défense de la
patrie.

11e *Leçon*.

Maximes de l'honnête homme, par Fénélon.

1. Ne demandez—à Dieu ni grandeurs ni richesse ;
   Mais pour vous gouverner demandez la sagesse.

2. Aimez le doux plaisir de faire des_heureux,
   Et soulagez surtout le pauvre vertueux.

3. Que votre piété soit sincère et solide,
   Et qu'à tous vos discours la vérité préside.

4. N'ayez point de fierté, ne vous louez jamais,
   Soyez_humble et modeste au milieu des succès.

5. Au bonheur du prochain ne portez point_envie,
   N'allez pas divulguer ce que l'on vous confie.

6. Rappelez rarement_un service rendu,
   Le bienfait qu'on reproche est_un bienfait perdu.

7. Soyez_officieux, complaisant, doux, affable,
   Poli, d'humeur égale, et vous serez_aimable.

8. Du bien qu'on vous_a fait soyez reconnaissant ;
   Montrez-vous généreux, humain et bienfaisant.

9. Soyez_homme d'honneur et ne trompez personne ;

A tous ses ennemis un noble cœur pardonne.

10. Supportez les humeurs et les défauts d'autrui ;
Soyez des malheureux le plus solide appui.

11. Bon père, bon époux, bon maître sans faiblesse;
Honorez vos parents surtout dans leur vieillesse.

12. Du pauvre qui vous doit n'augmentez pas les maux;
Payez à l'ouvrier le prix de ses travaux.

13. Donnez de bonne grâce : une belle manière
Ajoute un nouveau prix au présent qu'on veut faire.

14. Aimez à vous venger par beaucoup de bienfaits ;
Parlez peu, pensez bien et gardez vos secrets.

15. Reprenez sans aigreur, louez sans flatterie,
Ne méprisez personne, entendez raillerie.

16. Sans être familier, ayez un air aisé ;
Ne décidez de rien qu'après l'avoir pesé.

17. Livrez vous au travail et soyez sobre à table,
Vous aurez l'esprit libre et la santé durable.

18. Tenez votre parole inviolablement,
Ne la donnez jamais inconsidérément.

19. Ne perdez pas le temps à des choses frivoles ;
Le sage est ménager du temps et des paroles.

20. Sachez à vos devoirs immoler vos plaisirs,
Et pour vous rendre heureux, modérez vos désirs.

12e *Leçon.*

Morale religieuse.

PARAPHRASE DU PATER, par P. B.

1. Grand Dieu, souverain Être, inconcevable père,
Qu'à jamais ton saint nom l'on bénisse et révère;
Qu'au rang de tes élus nous soyons dans les cieux,
De ton règne éternel, les témoins glorieux.

2. Que ta volonté sainte et ton pouvoir suprême
S'accomplissent toujours ici comme au ciel même;
Que propice à nos vœux, ta secourable main
Daigne nous accorder chaque jour notre pain.

3. Ah! ne sois point sévère, et, du haut de ton trône,
Pardonne les péchés au mortel qui pardonne;
Délivre-nous du mal; que ta protection
Nous préserve, Seigneur, de la tentation!

COMMANDEMENTS DE DIEU.

1. Un seul Dieu tu adoreras,
Et aimeras parfaitement.
2. Dieu en vain tu ne jureras,
Nulle chose pareillement.
3. Les dimanches tu garderas,
En servant Dieu dévotement.
4. Tes père et mère honereras,
Afin de vivre longuement.
5. Homicide point ne seras,
De fait ni volontairement.
6. Luxurieux point ne seras
De corps ni de consentement.
7. Le bien d'autrui tu ne prendras,
Ni retiendras à ton escient.
8. Faux témoignage ne diras,
Ni mentiras aucunement.

9. L'œuvre de chair ne désireras
   Qu'en mariage seulement.
10. Biens d'autrui ne convoiteras
    Pour les_avoir injustement.

EXISTENCE DE DIEU, par J.-B. ROUSSEAU.

1. Les cieux_instruisent la terre
   A révérer leur auteur :
   Tout ce que le globe enserre
   Célèbre un Dieu créateur.
   Quel plus sublime cantique,
   Que ce concert magnifique
   De tous les célestes corps !
   Quelle grandeur infinie !
   Quelle divine harmonie
   Résulte de leurs_accords !
2. De ta puissance immortelle
   Tout parle, tout nous_instruit.
   Le jour au jour la révèle,
   La nuit l'annonce à la nuit.
   Ce grand_et superbe ouvrage
   N'est point pour l'homme un langage
   Obscur et mystérieux.
   Son_admirable structure
   Est la voix de la nature
   Qui se fait_entendre aux_yeux.
3. O que tes_œuvres sont belles,
   Grand Dieu ! quels sont tes bienfaits !
   Que ceux qui te sont fidèles
   Sous ton joug trouvent d'attraits !
   Ta crainte inspire la joie,
   Elle assure notre voie ;
   Elle nous rend triomphants ;
   Elle éclaire la jeunesse,
   Et fait briller la sagesse
   Dans les plus faibles_enfants.

13e *Leçon.*

Poésie religieuse, par Lamartine.

1er FRAGMENT.

1° Cet astre universel, sans déclin, sans aurore,

C'est DIEU ; c'est ce grand tout qui soi-même s'adore !

Il est ; tout est en lui : l'immensité, les temps,

De son-être infini sont les purs éléments ;

L'espace est son séjour, l'éternité, son âge ;

Le jour est son regard, le monde est son image ;

Tout l'univers subsiste à l'ombre de sa main :

L'être à flots éternels découlant de son sein

Comme un fleuve nourri par cette source immense,

S'en échappe et revient finir où tout commence ;

Sans bornes, comme lui, ses ouvrages parfaits

Bénissent en naissant la main qui les a faits !...

2e FRAGMENT.

2° Le roi brillant du jour, se couchant dans sa gloire,

Descend avec lenteur de son char de victoire.

Le nuage éclatant qui le cache à nos yeux

Conserve en sillons d'or sa trace dans les cieux,

Et d'un reflet de pourpre inonde l'étendue.

Comme une lampe d'or, dans l'azur suspendue,

La lune se balance aux bords de l'horizon;

Ses rayons affaiblis dorment sur le gazon,

Et le voile des nuits sur les monts se déplie :

C'est l'heure où la nature, un moment recueillie,

Entre la nuit qui tombe et le jour qui s'enfuit,

S'élève au créateur du jour et de la nuit,

Et semble offrir à Dieu, dans son brillant langage,

De la création le magnifique hommage.

3°   Voilà le sacrifice immense, universel !

L'univers est le temple, et la terre est l'autel ;

Les cieux en sont le dôme; et ces astres sans nombre,

Ces feux demi-voilés, pâle ornement de l'ombre,

Dans la voûte d'azur avec ordre semés,

Sont de sacrés flambeaux pour ce temple allumés ;

Et ces nuages purs qu'un jour mourant colore,

Et qu'un souffle léger, du couchant à l'aurore,

Dans les plaines de l'air repliant mollement,

Roule en flocons de pourpre aux bords du firmament,

Sont les flots de l'encens qui monte et s'évapore

Jusqu'au trône de Dieu que l'univers adore !

14ᵉ *Leçon.*

Ode à l'Éternel, par Levavasseur.

1.   Être infini que l'homme adore,
Qu'il sent— et ne peut concevoir !
Soleil sans déclin, sans _ aurore,
Que l'esprit seul fait _ entrevoir !
De ton— immortelle lumière
J'ose, du sein de la poussière,
Contempler les traits ravissants;
Agrandis, élève mon _ âme,
Et qu'un pur rayon de ta flamme
Anime, échauffe mes _ accents !

2.   Qui peut sonder ton _ origine ?
Des temps tu précédas le cours.
Par toi-même, essence divine,
Tu fus— et tu seras toujours.
Quand des— ans tout subit l'outrage,
Sur l'abîme où rien ne surnage
Tu demeures fixe et constant,
Et dans leur marche mesurée,
Tous les siècles _ _ à ta durée
N'ajoutent pas _ un seul instant.

3.   Auteur de tout ce qni respire,
'Tout_ est plein de ta majesté :
Point de limite à ton_empire;
Ton_empire est l'immensité.
D'un seul regard ton _ œil **embrasse**
Le vaste océan de l'espace,
Trop borné pour te contenir ;
Et devant— elle ta pensée,
Au dela des temps _élancée,
Fait comparaître l'avenir.

4.   Dans ton sein le germe de l'être
Dormait de toute éternité;
Et l'univers— entier, pour naître,
N'attendait que ta volonté.
Tu dis, et le flambeau du monde,
Chassant l'obscurité profonde,
Commença le cours des saisons :

Ton souffle, animant la matière,
Sur sa masse informe et grossière
Versa les fleurs — et les moissons.

5.　　Tu dis — au ver caché sous l'herbe :
Sois　obscur, ramper — est ta loi ;
Au lion farouche et superbe :
Des déserts tu seras le roi ;
A l'aigle : l'air est ton domaine,
Que de ton — aile souveraine
L'audace étonne les — humains !
Tu dis - à l'homme, ton - image :
La raison, voilà ton partage ;
Sois le chef-d'œuvre de mes mains.

6.　　Quand du soleil l'avant-courrière
Au monde annonce la clarté,
Je vois, dans sa douce lumière,
Le sourire de ta bonté.
A l'aspect du jour, la nature
M'offre dans sa riche parure,
De tes dons l'éclat somptueux ;
Et dans l'ombre de la nuit même
Brille à mes yeux le diadème
Qui ceint ton front majestueux.....

7.　　Oui, d'une cause universelle
Partout . éclatent les　effets,
Partout, Providence éternelle,
Tu te montres dans tes bienfaits.
Qui pourrait nier ta puissance ?
De toi découle l'existence ;
Le néant conçut — à ta voix.
Au-dessus des cieux — et des âges,
Tranquille, tu vois tes — ouvrages
Suivre tes - immuables lois.

8.　　Ma gloire est d'invoquer ton - être,
Et mon bonheur de te bénir ;
Si je suis né pour te connaître,
Qui suis-je pour te définir ?
En vain l'intelligence humaine
De sa lueur pâle, incertaine,
S'efforcerait de m'éclairer,
A mon cœur tu te fais - entendre :
Qu'ai-je besoin de te comprendre,
Quand tout me dit de t'adorer ?

15ᵉ *Leçon.*

Fables.

I. JUPITER ET MÌNOS.

1° *Mon fils, disait un jour Jupiter à Minos,*
       Toi qui juges la race humaine
Explique-moi pourquoi l'enfer suffit à peine
Aux nombreux criminels que t'envoie Atropos.
Quel est de la vertu le fatal adversaire
   Qui corrompt à ce point la faible humanité?
C'est, je crois, l'intérêt. — L'intérêt? Non, mon père.
     — Et qu'est-ce donc? — L'oisiveté. (FLORIAN.)

II. LA VIGNE ET LE VIGNERON.

2° La vigne se plaignait un jour au vigneron
   De ce qu'il lui coupait maint et maint rejeton
   Dont le feuillage épais et le bois inutile,
     Loin de la rendre plus fertile
     Épuisaient en vain sa vigueur.
     Eh ! pourquoi donc, lui disait-elle,
   Me traitez-vous avec tant de rigueur ?

Pour mon bien vous montrez du zèle ;

Je suis l'objet de vos sueurs ;

Vous m'aimez, cependant vous m'arrachez des pleurs.

L'amour est-il donc si sévère ?

3°   *Que vous pénétrez peu dans mon intention !*

Lui répondit le prudent vigneron.

Vous croyez que ces coups partent de ma colère ;

Ah ! connaissez mieux mon dessein :

Dans le mal que j'ai pu vous faire

Votre intérêt a seul conduit ma main :

Si je ne coupais point tout ce bois inutile,

Vous finiriez par devenir stérile ;

Au lieu qu'en vous faisant répandre quelques pleurs

Je vous rends beaucoup plus fertile,

Et de Bacchus sur vous j'attire les faveurs.

4°   *C'est à vous, jeunes gens, que ma fable s'adresse ;*

Connaissez à ces traits l'amour et la sagesse

De ceux qui veillent sur nos mœurs.

S'ils vous font quelquefois éprouver leurs rigueurs,

Ce n'est pas que pour vous ils manquent de tendresse ;

Ils cherchent seulement à vous rendre meilleurs. (Règre.

———————

NOTA. Selon la fable, **JUPITER** est le plus puissant des Dieux, et **MINOS** le juge des enfers ; **ATROPOS**, armée de ciseaux, met fin à la vie des mortels ; **BACCHUS** est le Dieu de la vigne.

Le même ouvrage,

EN TRENTE-SIX TABLEAUX,

à l'usage des écoles, 1 fr. 25.

—

On vend chaque classe séparément.

www.ingramcontent.com/pod-product-compliance
Lightning Source LLC
Chambersburg PA
CBHW060806280326
41934CB00010B/2579